NÜTZLICHES ZIEGENKÄSE-WISSEN

AUF DEM TITELBILD SEHEN SIE DAS REZEPT KÄSEBÄLLCHEN VON SEITE 06.

ZIEGENKÄSE FRISCH EINGETROFFEN

ÜBERRASCHENDE GENÜSSE

KLASSIKER MAL GANZ ANDERS

ZIEGENKÄSE CROSSOVER

AROMATISCHER WELTENBUMMLER

KLEINE ZIEGENKÄSE-KUNDE

WELCHE ZIEGENKÄSE GIBT ES EIGENTLICH?

WO BEKOMME ICH DIE UNTERSCHIEDLICHEN KÄSE?

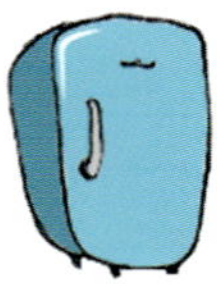

WIE BEWAHRE ICH ZIEGENKÄSE AM BESTEN AUF UND WIE LANG HÄLT ER SICH?

WIE ZERKLEINERE ICH WEICHEN KÄSE, WIE HARTEN?

WELCHER WEIN SCHMECKT ZU ZIEGENKÄSE?

Die meisten Ziegenkäse sind Frischkäse, es gibt sie klein und rund (meist um die 40 g Gewicht), in der Packung wie Doppelrahmfrischkäse oder als Kegel, aber auch als Rolle. Die Rolle kann pur sein oder in Asche gewälzt, in Kräutern gewendet oder mit einer dünnen Schicht grobkörnigem Senf bestrichen sein. Vor allem die kleinen Käse gibt es auch gereift, von weich über mittel bis ganz fest. Sie sind gelegentlich ebenfalls im Aschemantel oder sogar mit Schimmelpilzen. Im Handel sind zudem Weichkäse wie Camembert oder Brie. Außerdem gibt es Hartkäse wie Gouda oder pecorinoähnliche Käse. Außer reinen Ziegenkäsen bekommt man auch solche aus Ziegen- und Schafs- und/oder Kuhmilch gemischt.

Ziegenkäse wird immer beliebter, deshalb findet man in jedem größeren Supermarkt zumindest Ziegenfrischkäse in mindestens einer Variante. Größere Märkte haben zudem Ziegenkäserolle und eventuell einen Weichkäse und einen Hartkäse im Programm. Besonders gut sortiert sind in der Regel größere Naturkostläden, wo man häufig auch Ziegenjoghurt findet. Und natürlich spezielle Käseläden, vor allem solche mit einem großen französischen Sortiment.

Wie alle anderen Käsesorten: Frischkäse bleibt in seiner Packung oder wird (beispielsweise Ziegenkäserolle) in Klarsichtfolie gewickelt. Weichkäse bleibt in Papier oder Spanschachtel und der Hartkäse wird locker in Butterbrotpapier gewickelt oder im Papier, in dem er verpackt war, gelagert. Übrigens: Käse am besten im Butterfach aufheben und bis auf Frischkäse immer etwa 30 Min. vor dem Essen aus dem Kühlschrank nehmen, damit er sein Aroma optimal entfalten kann.
Frischkäse und Weichkäse haben ein Mindesthaltbarkeitsdatum. Hartkäse hält sich lange, wenn er richtig gelagert wird, er wird dabei allenfalls noch härter. Bildet sich auf Hartkäse Schimmel, diesen sehr großzügig abschneiden.

Frischkäse einfach unterrühren oder mit einer Gabel in Stücke teilen. Leicht gereiften Ziegenkäse ebenfalls mit der Gabel zerkleinern oder zerdrücken, Weichkäse in Scheiben oder Würfel schneiden, Hartkäse schneiden oder reiben.

Früher gab es eine Standardantwort: zu Käse passt Rotwein. Das gilt heute so nicht mehr, denn vor allem tanninreiche Rotweine vertragen sich gar nicht so gut mit Käse. Besser geeignet sind fruchtige Rotweine wie Bardolino, Chianti, Merlot oder Lemberger. Noch besser passen allerdings Weißweine zum Käse, da sie kaum Tannin enthalten. Gut schmecken weiße Burgunder wie Weiß- oder Grauburgunder, aber auch Chardonnay oder Riesling. Zu Schimmelkäse ideal sind Süßweine.

DIE SCHNELLSTEN KÄSEREZEPTE DER WELT

Eine feine Sauce dazu, ein fruchtiger Senf, bunte Käsespießchen, kräuterwürzige Bällchen oder ein Dip aus dem frischen Ziegenkäse – alles einfach und ziemlich schnell gemacht!

KÄSEBÄLLCHEN Ein paar Kräuter (z. B. Minze, Petersilie und Schnittlauch) fein schneiden. 1 Frühlingszwiebel waschen, putzen und mit dem knackigen Grün sehr fein zerkleinern, mit den Kräutern mischen. Oder je 1/2 kleine rote und gelbe Paprikaschote putzen, waschen und fein würfeln. 100 g Ziegencamembert oder kleine reife Ziegenkäse zerdrücken und mit 100 g Ziegenfrischkäse vermengen. Zwischen leicht feuchten Händen kleine Bällchen rollen, in Kräutern bzw. Paprika wälzen und mit Zahnstochern oder Cocktailspießchen bestecken.

KÄSESPIESSCHEN Je 100 g Ziegencamembert und Ziegengouda oder anderen reifen Ziegenkäse in gut 1 cm große Würfel schneiden und mit 150 g kleinen Cocktailtomaten, ein paar eingelegten Peperoni und 1 kleinen Gurke in Würfeln auf Spieße stecken. 1 EL Zitronensaft mit 1 TL scharfem Senf und 2 EL Öl verrühren, leicht salzen und pfeffern und auf die Spieße streichen. Etwa 30 Min. ziehen lassen. Andere Möglichkeit: Pilze, Paprikastreifen und Zucchiniwürfel in Olivenöl braten. Abgekühlt mit dem Käse aufspießen.

KÄSEDIP 6 getrocknete, in Öl eingelegte Tomaten, 1 EL eingelegte Kapern und 1 EL entsteinte grüne Oliven sehr fein hacken. 1/4 Bund Petersilie waschen und die Blättchen ebenfalls hacken. 150 g Ziegenfrischkäse mit 50 g eher flüssigem Joghurt und 2 TL Olivenöl verrühren. Zerkleinerte Zutaten untermischen, mit Salz abschmecken. Zum Dippen von Sellerie, Gurken, Möhren und Paprika.

ZIEGENKÄSECAPRESE 2 feste Fleischtomaten waschen und in dünne Scheiben schneiden, große Scheiben halbieren oder vierteln. 150 g Ziegenrolle mit Senf oder Kräutern in möglichst dünne Scheiben schneiden und mit den Tomaten abwechselnd dachziegelartig auf Tellern verteilen, Tomaten salzen. 1 TL Olivenpaste oder Pesto mit 1 TL Zitronensaft und 2 EL Olivenöl verrühren, pfeffern und auf den Tomaten und dem Käse verteilen.

FEIGEN-TRAUBEN-SAUCE Je 250 g Trauben und Feigen waschen und putzen. Feigen würfeln, Trauben vierteln und die Kerne mit der Messerspitze herauslösen. 1 EL Senfsamen ohne Fett bei mittlerer Hitze 1 Min. anrösten und im Mörser so fein wie möglich zerdrücken. Mit den Früchten, 1/8 l ungesüßtem Traubensaft oder Cidre, 50 g Zucker und 1 EL Senfpulver offen bei schwacher Hitze 15 Min. köcheln lassen. Mit Salz, 2 EL Honig und 1 TL körnigem Senf abschmecken und abkühlen lassen. Schmeckt zu Camembert und reifem Ziegenkäse, auch mit Asche.

APRIKOSENPESTO 100 g getrocknete Aprikosen klein würfeln und in 50 ml Aceto balsamico 30 Min. einweichen. Mit 1 kleinen getrockneten Chilischote, 1 EL Honig, 5 EL Olivenöl und 2 EL Pinienkernen pürieren, mit Salz abschmecken und zu Ziegenfrischkäse oder zu reifem Ziegenkäse reichen.

ZIEGENKÄSE FRISCH EINGETROFFEN

auch fürs Picknick

MARINIERTE
ZIEGENKÄSE

1/2 Bio-Orange ++ 2 Zweige Thymian ++ 1 Knoblauchzehe ++ 1 Frühlingszwiebel ++ 1/2 rote Chilischote ++ 2 TL Zitronensaft ++ 3 EL Olivenöl ++ Salz ++ 4 kleine Ziegenkäse (je etwa 40 g)

Für 2 Personen | Zubereitung **15 Min.** | Marinierzeit **4 Std.**
Pro Person ca. **370 kcal, 17 g EW, 17 g F, 2 g KH**

1 Die Orangenhälfte heiß waschen und abtrocknen, die Schale dünn abschneiden, den Saft auspressen. Den Thymian waschen und trocken schütteln, die Blättchen abstreifen. Den Knoblauch schälen und mit der Orangenschale und dem Thymian sehr fein hacken.

2 Die Frühlingszwiebel waschen, putzen und mit dem knackigen Grün in feine Ringe schneiden. Das Chilistück waschen und mit den Kernen in feine Ringe schneiden.

3 Orangensaft mit Zitronensaft und Olivenöl verrühren, die Orangenschalenmischung, Zwiebelringe und Chili untermischen, leicht salzen. Ziegenkäse in eine flache Form legen und mit der Marinade bedecken. Mindestens 4 Std. im Kühlschrank durchziehen lassen. Schmeckt auf Blattsalat oder mit Brot oder Crackern.

ZIEGENKÄSEPESTO
MIT HASELNÜSSEN

Edel-Version – ganz einfach

30 g Haselnusskerne
1 Frühlingszwiebel
1 Stück Bio-Zitronenschale
1 Handvoll gemischte Kräuter (z. B. Borretsch, Zitronenmelisse und Petersilie)
4 EL Haselnussöl
40 g Ziegengouda oder anderer Hartkäse aus Ziegenmilch, frisch gerieben
Salz | Pfeffer

Für 2 Personen | Zubereitung **20 Min.** | Pro Person ca. **350 kcal, 7 g EW, 35 g F, 2 g KH**

1 Die Haselnüsse in einer Pfanne bei mittlerer Hitze leicht rösten, bis sie fein duften. In ein Tuch geben und im Tuch gegeneinander reiben, um die braunen Häutchen so gut wie möglich zu entfernen. Die Frühlingszwiebel waschen, putzen und mit dem knackigen Grün grob schneiden. Zitronenschale hacken. Kräuter waschen, trocken schütteln und die Blättchen fein hacken.

2 Haselnüsse mit Zwiebel, Zitronenschale, Kräutern und Öl fein pürieren. Käse unterrühren und die Paste mit Salz und Pfeffer abschmecken. Die Paste zu frisch gekochten Nudeln servieren (dann mit etwa 2 EL heißem Nudelkochwasser cremig rühren) oder auf geröstetes Brot streichen und zum Aperitif essen.

MEIN TAUSCH-TIPP

Statt Haselnüssen 50 g entsteinte schwarze Oliven, 1 EL Kapern und 25 g getrocknete, in Öl eingelegte Tomaten mit 1 EL Olivenöl fein pürieren. 100 g Ziegenfrischkäse unterrühren und alles mit Salz und Pfeffer abschmecken. Mit Gnocchi essen oder auf geröstetes Brot streichen.

CAMEMBERTS MIT PFEFFERKIRSCHEN

würzig und fruchtig

Für die Kirschen:

200 g Kirschen (am besten Sauerkirschen)
1 rote Zwiebel
2 Knoblauchzehen
2 TL grüne Pfefferkörner (am besten frisch)
1 EL Olivenöl | Salz
2 TL Honig (bei Sauerkirschen eventuell etwas mehr)

Für den Käse:

250 g Ziegencamembert oder Ziegenbrie
2 EL Mehl
1 Ei
2 EL gemahlene Mandeln
30 g Semmelbrösel
2 EL Butterschmalz

Für 2 Personen | Zubereitung **50 Min.** | Pro Person ca. **740 kcal, 36 g EW, 51 g F, 33 g KH**

1 Kirschen waschen und entsteinen, grob hacken. Zwiebel und Knoblauch schälen und fein hacken. Pfefferkörner waschen oder abtropfen lassen und ebenfalls fein hacken.

2 Das Öl in einem Topf erhitzen, Zwiebel und Knoblauch darin andünsten. Kirschen und Pfeffer zugeben und zugedeckt bei schwacher Hitze etwa 10 Min. dünsten. Mit Salz und Honig abschmecken und abkühlen lassen.

3 Ziegencamembert je nach Größe in Viertel oder Achtel schneiden oder den Brie in Stücke teilen. Das Mehl auf einen Teller geben. Das Ei auf einem zweiten Teller verquirlen. Mandeln und Semmelbrösel auf einem Teller mischen. Die Käsestücke erst in Mehl wenden, dann durch das Ei ziehen und zum Schluss in der Bröselmischung wenden. Die Panade gut andrücken.

4 Butterschmalz in einer Pfanne erhitzen. Käsestücke darin rundherum bei mittlerer bis starker Hitze etwa 10 Min. braten, bis die Panade goldgelb ist. Mit den Kirschen servieren.

WIRD DER KÄSE IM RESTAURANT NICHT FRITTIERT?

Doch, denn dann geht es schneller und die Panade wird gleichmäßig knusprig braun. Aber Braten funktioniert auch gut, und das Gericht ist dann weniger fetthaltig.

HÄHNCHENSCHEIBEN MIT KÄSEHAUBE

ganz einfach und lecker

200 g Zuckerschoten
1 Bund Rucola
Salz
1 Tomate
1 EL Olivenöl
Pfeffer
2 Hähnchenbrustfilets (je etwa 160 g)
3 TL grobkörniger Senf
80 g Ziegenfrischkäse
50 g frisch geriebener Ziegengouda
2 EL Pinienkerne

Für 2 Personen | Zubereitung **40 Min.** | Pro Person ca. **510 kcal, 56 g EW, 29 g F, 8 g KH**

1 Zuckerschoten waschen und putzen. Rucola verlesen, waschen und abtropfen lassen. In einem breiten Topf reichlich Salzwasser zum Kochen bringen, Zuckerschoten darin 2 Min. kochen. Rucola dazugeben und nur zusammenfallen lassen. Beides in einem Sieb kalt abschrecken und abtropfen lassen.

2 Den Backofen auf 200° (Umluft 180°) vorheizen. Die Tomate waschen und sehr klein würfeln. Mit Zuckerschoten, Rucola und dem Olivenöl mischen und mit Salz und Pfeffer würzen. In eine oder besser zwei kleinere Auflaufformen verteilen.

3 Hähnchenbrustfilets der Länge nach halbieren, mit Senf bestreichen, salzen und pfeffern. Die Filets nebeneinander auf das Gemüse setzen. Frischkäse mit einer Gabel in kleine Stücke teilen, mit dem Gouda mischen und auf den Hähnchenscheiben verteilen. Pinienkerne aufstreuen. Hähnchenscheiben im Ofen (Mitte) etwa 15 Min. backen, bis das Fleisch gar ist. Mit frischem Weißbrot oder mit Rosmarinkartoffeln servieren.

MEIN ZUBEREITUNGS-TIPP

Um zu prüfen, ob das Hähnchen gar ist, mit der Messerspitze oder einer Rouladennadel an einer dicken Stelle einstechen. Ist der Saft, der dann austritt, klar, ist das Hähnchen durch. Ist er noch rötlich, müssen die Scheiben noch einmal für ein paar Min. in den Backofen.

Schnelles zum Sattessen

PIZZA MIT TOMATEN UND ZIEGENKÄSE

1 fertiger Pizzateig auf Backpapier (400 g; Kühlregal)
400 g junge Zucchini
250 g Cocktailtomaten
4 EL Olivenöl
Salz | Pfeffer
150 g Ziegenkäserolle mit Asche oder im Kräuter- oder Senfmantel
2 EL schwarze Oliven
Basilikumblättchen zum Bestreuen

Für 2 Personen | Zubereitung **25 Min.** | Pro Person ca. **1000 kcal, 34 g EW, 53 g F, 97 g KH**

1 Den Backofen auf 220° (Umluft 200°) vorheizen. Den Teig auf dem Backblech ausbreiten.

2 Die Zucchini waschen, von den Enden befreien und der Länge nach in dünne Scheiben schneiden oder hobeln. Tomaten waschen und halbieren. Zucchini und Tomaten mit 2 EL Olivenöl, Salz und Pfeffer verrühren und auf dem Teig verteilen.

3 Ziegenkäse in Scheiben schneiden, diese vierteln. Mit den Oliven auf dem Gemüse verteilen und mit dem übrigen Öl beträufeln. Die Pizza im Ofen (Mitte) etwa 13 Min. backen, mit Basilikumblättchen bestreut servieren.

WIE MACHE ICH PIZZATEIG SELBER?

300 g Mehl mit 1 TL Salz und 4 EL Olivenöl in einer Schüssel mischen. 1/2 Würfel frische Hefe (20 g) mit 150 ml lauwarmem Wasser verrühren und mit dem Mehl zu einem glatten Teig verkneten. Etwa 1 Std. an einem warmen Ort zugedeckt gehen lassen. Ein Backblech mit Backpapier auslegen, den Teig darauf ausrollen. Oder, wie auf dem Bild, 6 kleine Pizzen formen. Die Pizza wie beschrieben zubereiten.

ZIEGENKÄSE-HONIG-EIS MIT HIMBEERSAUCE

Süßes mit Pepp

1/4 Bio-Zitrone
100 g Ziegenfrischkäse
50 g Joghurt (eventuell aus Ziegenmilch)
50 g flüssiger Honig (z. B. Akazienhonig)
1 Eiweiß
150 g frische oder TK-Himbeeren (aufgetaut)
3 TL Himbeersirup
Minze- oder Melisseblättchen zum Garnieren

Für 2 Personen | Zubereitung **25 Min.**
Kühlzeit **3 Std.** | Pro Person ca. **305 kcal,**
14 g EW, 12 g F, 35 g KH

1 Zitronenviertel waschen, abtrocknen und die Schale fein abreiben. Saft auspressen und für die Sauce aufheben. Ziegenfrischkäse mit Joghurt und Honig gründlich verrühren. Zitronenschale untermischen. Eiweiß steif schlagen und unterheben.

2 Zwei Förmchen von je etwa 200 ml Inhalt mit der Masse füllen und diese im Gefrierfach in etwa 3 Std. fest werden lassen

3 Dann für die Sauce die Himbeeren verlesen und mit einer Gabel fein zerdrücken. Mit dem Sirup und 2 TL Zitronensaft abschmecken. Die Förmchen mit dem Eis kurz in heißes Wasser tauchen und das Eis in Dessertschälchen stürzen. Mit der Sauce umgießen und mit Kräuterblättchen garniert servieren.

MEIN TIPP
Die Himbeersauce schmeckt auch warm.

KLASSIKER MAL GANZ ANDERS

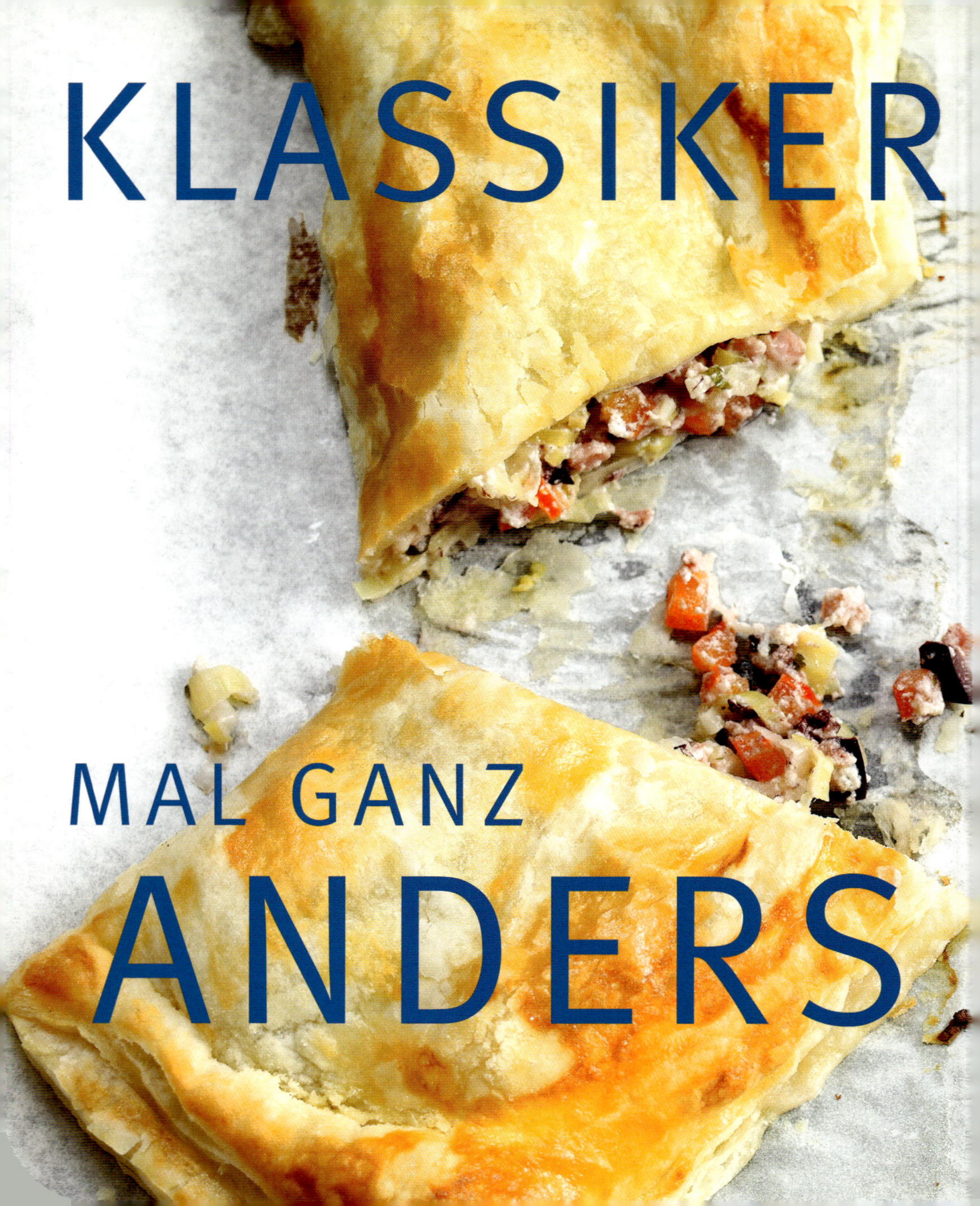

schmecken warm oder kalt

TEIGTASCHEN
MIT LAUCH-KÄSE-FÜLLUNG

2 Platten TK-Blätterteig (etwa 150 g) ++ Salz ++ 1 dünne Stange Lauch (etwa 200 g) ++ 1 kleine Tomate ++ 1 EL schwarze entsteinte Oliven ++ 2 Scheiben gekochter Schinken (etwa 25 g)
2 Zweige Petersilie ++ 100 g Ziegenfrischkäse ++ 1 EL frisch geriebener Parmesan ++ Pfeffer
1 Eigelb ++ 1 EL Milch

Für 4 Stück | Zubereitung **25 Min.** | Backzeit **18 Min.**
Pro Person ca. **275 kcal, 12 g EW, 19 g F, 14 g KH**

1 Die Teigplatten nebeneinander legen und auftauen lassen. Inzwischen Salzwasser aufkochen lassen. Den Lauch putzen, längs aufschlitzen und gründlich waschen. In feine Streifen schneiden und im kochenden Wasser 2 Min. blanchieren. Abgießen, kalt abschrecken und gut abtropfen lassen.

2 Den Backofen auf 200° (Umluft 180°) vorheizen. Das Backblech mit Backpapier belegen. Die Tomate waschen, halbieren, entkernen und fein würfeln. Oliven und Schinken ohne Fettrand fein schneiden. Die Petersilie waschen, trocken schütteln und die Blättchen fein hacken.

3 Den Frischkäse mit Lauch, Tomate, Oliven, Schinken, Petersilie und Parmesan verrühren und mit Salz und Pfeffer abschmecken. Jede Teigplatte auf wenig Mehl etwa doppelt so groß ausrollen und halbieren. Jeweils auf einer Seite mit Füllung belegen, die andere Seite darüberklappen und die Ränder gut zusammendrücken.

4 Die Teigtaschen nebeneinander auf das Blech setzen. Das Eigelb mit Milch verrühren und auf die Teigtaschen pinseln. Im Ofen (unten) etwa 18 Min. backen, bis sie schön gebräunt sind.

FELDSALAT MIT ZIEGENKÄSECREME

mit starkem Aroma

100 g Feldsalat
1 kleine rote Paprikaschote
1 kleine rote Zwiebel
1/2 Bio-Zitrone
1/4 Bund Petersilie
2 EL Pistazienkerne
50 g Ziegenfrischkäse
50 g saure Sahne
1 EL Milch
1 EL Olivenöl
Salz | Pfeffer
1 Prise gemahlener Kreuzkümmel

Für 2 Personen | Zubereitung **20 Min.** | Pro Person ca. **235 kcal, 9 g EW, 19 g F, 5 g KH**

1 Den Feldsalat verlesen, waschen und gut trocken schütteln. Paprika vierteln, putzen, waschen und in kleine Würfel schneiden. Die Zwiebel schälen, vierteln und in sehr feine Streifen schneiden.

2 Zitronenhälfte waschen und abtrocknen, die Schale fein abreiben, den Saft auspressen. Die Petersilie waschen und trocken schütteln. Die Blättchen abzupfen und mit 1 EL Pistazienkernen sehr fein hacken.

3 Den Ziegenfrischkäse mit der sauren Sahne, der Milch, 1 EL Zitronensaft, der Zitronenschale, der Petersilienmischung und dem Olivenöl verrühren und mit Salz, Pfeffer und Kreuzkümmel abschmecken. Die übrigen Pistazienkerne in einer Pfanne ohne Fett bei mittlerer Hitze rösten, bis sie würzig duften.

4 Feldsalat mit Paprika und Zwiebel mischen und auf Tellern verteilen. Ziegenkäsecreme darauf verteilen, den Salat mit den Pistazienkernen bestreuen und servieren. Erst beim Essen mit der Creme mischen.

FRUCHTIGER SALAT
MIT GEBACKENEM KÄSE

edler Auftakt

4 frische Feigen
150 g blaue Weintrauben
1/4 Bund Basilikum
1 EL Walnusskerne
1 EL Zitronensaft
1 1/2 EL neutrales Öl | 1 EL Walnussöl
1/2 TL edelsüßes Paprikapulver
Salz | Pfeffer
4 Scheiben Ziegenkäserolle (je etwa 1 cm dick und 60 g schwer)

Für 2 Personen | Zubereitung **25 Min.** | Pro Person ca. **585 kcal, 27 g EW, 42 g F, 24 g KH**

1 Die Feigen waschen und die Stielansätze abschneiden. Nur schälen, wenn die Schale sehr dick ist. Feigen in Würfel schneiden. Die Trauben waschen, abzupfen und halbieren. Die Kerne mit der Messerspitze herauslösen. Basilikumblättchen abzupfen und in Streifen schneiden. Walnüsse in kleine Stücke brechen.

2 Zitronensaft mit 1 EL neutralem Öl und dem Walnussöl verrühren, mit Paprika, Salz und Pfeffer abschmecken und mit dem Basilikum unter die Trauben und Feigen mengen.

3 Den Backofengrill anheizen. Die Ziegenkäsescheiben nebeneinander in eine ofenfeste Form legen und mit dem übrigen Öl bestreichen. Mit etwa 10 cm Abstand unter die heißen Grillschlangen schieben und 4–5 Min. grillen, bis sie leicht gebräunt sind.

4 Feigen-Trauben-Salat auf Tellern verteilen und mit je 2 Käsescheiben belegen. Mit Walnüssen bestreuen und servieren.

MEIN TAUSCH-TIPP

Statt Feigen und Trauben 400 g Eiertomaten waschen und halbieren. Mit der Schnittfläche nach oben in eine ofenfeste Form legen. Je 1 Zweig Oregano, Thymian und Rosmarin waschen, trocken schütteln und die Blättchen fein hacken. Mit 2 EL Olivenöl, Salz, Pfeffer und 1 Prise Zucker mischen und auf den Tomaten verstreichen. Im Ofen bei 220° (Umluft 200°) etwa 30 Min. backen, lauwarm abkühlen lassen. Den Ziegenkäse wie beschrieben grillen und mit den Tomaten servieren.

KARTOFFEL-ZUCCHINI-GRATIN

350 g mehlig kochende oder vorwiegend fest kochende Kartoffeln
200 g junge Zucchini | 1 Tomate
2 Zweige Thymian | 4 Salbeiblättchen
Salz | Pfeffer | 100 g Sahne | 100 ml Milch
1 rote Chilischote | 2 Frühlingszwiebeln
2 Knoblauchzehen | 150 g Ziegenfrischkäse
2 EL Olivenöl

Für 2 Personen | Zubereitung **25 Min.**
Backzeit **45 Min.** | Pro Person ca. **615 kcal, 24 g EW, 45 g F, 29 g KH**

1 Kartoffeln schälen, waschen, Zucchini putzen, waschen und beides in dünne Scheiben hobeln. Tomate waschen und ohne Stielansatz klein würfeln. Kräuter waschen und ohne die Stiele fein schneiden.

2 Backofen auf 180° vorheizen. Kartoffeln und Zucchini lagenweise in eine ofenfeste Form schichten, jede Lage mit Tomaten und Kräutern bestreuen und mit Salz und Pfeffer würzen. Sahne und Milch mischen und seitlich angießen.

3 Chilischote waschen und fein hacken. Frühlingszwiebeln waschen, putzen und in Ringe schneiden. Knoblauch schälen und fein hacken. Frischkäse in Stücke teilen und alles mischen. Auf dem Gratin verteilen, mit Olivenöl beträufeln. Im Ofen (Mitte, Umluft 160°) in etwa 45 Min. weich und appetitlich braun backen.

auch fürs Picknick

KNUSPRIGE KÄSETARTELETTS

150 g Mehl
Salz
75 g kalte Butter
1 Zweig Rosmarin
2 getrocknete, in Öl eingelegte Tomaten
100 g Ziegencamembert
100 g Ziegenfrischkäse
1 EL Crème fraîche
1 kleines Ei
1 Knoblauchzehe | Pfeffer

Für 4 Stück | Zubereitung **40 Min.** | Backzeit **20–25 Min.**
Pro Person ca. **895 kcal, 33 g EW, 60 g F, 55 g KH**

1 Für den Teig das Mehl mit 1 Prise Salz mischen. Die Butter würfeln, mit 1/2 EL eiskaltem Wasser dazugeben und alles zu einem glatten Teig verkneten. Den Teig in vier Stücke teilen. Jedes zu einer Kugel formen, rund ausrollen und vier Tartelettförmchen (12 cm ø) damit auskleiden. Die Förmchen 20 Min. ins Gefrierfach stellen.

2 Den Backofen auf 200° vorheizen. Für den Belag die Rosmarinnadeln fein hacken. Tomaten und Camembert klein würfeln. Frischkäse mit Crème fraîche und Ei verrühren. Knoblauch schälen und dazupressen. Rosmarin, Tomaten und Camembert untermischen, salzen und pfeffern. Auf dem Teig verteilen. Die Törtchen im Ofen (Mitte, Umluft 180°) in 20–25 Min. schön braun backen.

MEIN BEILAGEN-TIPP

Dazu schmeckt ein Sellerie-Orangentatar. Dafür die Schale 1/2 Bio-Orange abreiben. Die Orange dann komplett schälen, filetieren und klein würfeln, den Saft auffangen. 2 Stangen Sellerie und 2 Frühlingszwiebeln waschen, sehr fein hacken. Orangensaft und -schale mit 1 EL Zitronensaft, Salz, 1/4 TL Chilipulver und 1/2 TL Honig verrühren, 2 EL Olivenöl unterschlagen. Sauce mit Orange, Sellerie und Frühlingszwiebeln mischen, zu den Törtchen servieren.

PENNE MIT LAMM, PAPRIKA UND ZIEGENKÄSE

mediterran

1/2 Bio-Zitrone
4 EL Olivenöl
100 g Ziegenfrischkäse
200 g Penne
Salz
200 g Lammfilet oder -keule ohne Knochen
2 Knoblauchzehen
1 kleine rote Paprikaschote
50 ml trockener Weißwein oder Gemüsebrühe | Pfeffer
1 EL Pinienkerne
4 Zweige Basilikum

Für 2 Personen | Zubereitung **25 Min.** | Pro Person ca. **858 kcal, 45 g EW, 39 g F, 79 g KH**

1 Zitronenhälfte heiß waschen und abtrocknen, die Schale fein abreiben und mit 2 EL Olivenöl verrühren. Ziegenkäse mit einer Gabel in Stückchen teilen und mit dem Zitronenöl beträufeln.

2 Für die Nudeln reichlich Wasser zum Kochen bringen und salzen, die Nudeln darin nach Packungsangabe al dente kochen. Schon während das Wasser heiß wird, das Fleisch in dünne Scheiben schneiden, dabei von Sehnen und größeren Fettstücken befreien. Den Knoblauch schälen und in dünne Scheiben schneiden. Die Paprikaschote vierteln, putzen, waschen und in schmale Streifen schneiden.

3 Das übrige Öl in einem Topf erhitzen, das Fleisch darin gut anbraten. Paprika und Knoblauch kurz mitbraten. Wein untermischen, alles salzen und pfeffern und zugedeckt bei schwacher Hitze etwa 4 Min. dünsten.

4 Inzwischen die Pinienkerne in einer Pfanne ohne Fett goldgelb rösten. Basilikumblättchen abzupfen und in feine Streifen schneiden. Die Nudeln abgießen und in einer vorgewärmten Schüssel mit dem Lamm, dem Käse samt Zitronenöl und dem Basilikum mischen. Mit den Pinienkernen bestreuen und heiß servieren.

fruchtig-würzig

APFELTARTE MIT FRISCHKÄSE

Für den Teig:
200 g Mehl
Salz
2 Päckchen Vanillezucker
1 TL abgeriebene Bio-Zitronenschale
100 g kalte Butter
1 Ei

Für den Belag:
800 g säuerliche Äpfel | 1 EL Zitronensaft
150 g Crème fraîche oder cremige saure Sahne
1 Ei | 60 g Zucker
150 g Ziegenfrischkäse
40 g Pinienkerne
1 EL flüssiger Honig

Für 1 Tarteform von 30 cm Ø | Zubereitung **35 Min.** | Kühlzeit **1 Std.** | Backzeit **40 Min.**
Pro Stück (bei 12) ca. **580 kcal, 13 g EW, 36 g F, 50 g KH**

1 Für den Teig das Mehl mit 1 Prise Salz, dem Vanillezucker und der Zitronenschale mischen. Butter in kleine Würfel schneiden, mit dem Ei und 1–2 EL eiskaltem Wasser dazugeben und alles zu einem glatten geschmeidigen Teig verkneten.

2 Teig zu einer Kugel formen, zwischen zwei Lagen Klarsichtfolie rund in Größe der Form ausrollen. Die Form damit auslegen, dabei einen 2–3 cm hohen Rand formen. Die Form 1 Std. kalt stellen.

3 Inzwischen die Äpfel schälen, vom Kerngehäuse befreien und in dickere Schnitze schneiden. Mit dem Zitronensaft mischen. Crème fraîche mit Ei und Zucker gründlich verrühren. Den Backofen auf 180° vorheizen.

4 Den Teig mit den Äpfeln belegen. Mit der Creme begießen und mit Ziegenkäse in kleinen Stücken belegen. Mit den Pinienkernen bestreuen und im Ofen (Mitte, Umluft 160°) etwa 40 Min. backen, bis die Äpfel weich sind und der Käse schön gebräunt ist. Tarte lauwarm oder ganz abkühlen lassen und vor dem Servieren mit dem Honig beträufeln.

ZIEGENKÄSE CROSS-OVER

Feines zum Einstieg

KÄSECARPACCIO
MIT KORIANDERÖL

1 TL Koriandersamen ++ 6 Zweige Koriandergrün ++ 1/2 Bio-Orange ++ 1 EL Zitronensaft
2 EL Rapsöl ++ Salz ++ Pfeffer ++ 150 g Ziegengouda oder anderer Hartkäse aus Ziegenmilch
1/2 Granatapfel

Für 2 Personen | Zubereitung **20 Min.** | Pro Person ca. **370 kcal, 17 g EW, 31 g F, 5 g KH**

1 Koriandersamen in einer Pfanne ohne Fett rösten, bis sie würzig duften, im Mörser so fein wie möglich zerstoßen. Koriandergrün waschen und trocken schütteln, ein paar Blättchen abzupfen und beiseitelegen, die übrigen Blätter sehr fein hacken.

2 Die Orange waschen und abtrocknen, ein Stück Schale dünn abschneiden und fein hacken. Orange auspressen. Saft mit Zitronensaft und Öl verrühren. Koriandersamen, gehackten Koriander und Orangenschale untermischen und mit wenig Salz (der Käse ist salzig) und Pfeffer abschmecken.

3 Ziegenkäse entrinden und in sehr feine Scheiben schneiden. Zwei Teller damit auslegen. Granatapfelhälfte in Stücke brechen und die Kerne aus den dünnen Häuten herauslösen. Den Käse mit dem Öl beträufeln, mit den Granatapfelkernen bestreuen, mit den Korianderblättchen garnieren. Dazu passt aufgebackenes Fladenbrot.

AVOCADO-MANGO-SALAT MIT KÄSECROÛTONS

zum Sattessen

1 Handvoll Spinat oder Rucola
2 Frühlingszwiebeln
1 Avocado
1 Mango
2 EL Zitronensaft
Salz | Pfeffer
4 EL Olivenöl
50 g frische Erdnusskerne
1/2 TL Chilipulver
125 g Ziegencamembert
6 Scheiben Vollkornbaguette

Für 2 Personen | Zubereitung **30 Min.** | Pro Person ca. **915 kcal, 27 g EW, 73 g F, 37 g KH**

1 Den Backofen auf 250° (Umluft 220°) vorheizen. Spinat oder Rucola verlesen, waschen und trocken schütteln. Von den groben Stielen befreien und zwei große Teller damit auslegen. Frühlingszwiebeln waschen, putzen und mit dem zarten Grün in feine Ringe schneiden.

2 Avocado rundherum bis zum Kern einschneiden und die Hälften gegeneinander drehen. Auseinander lösen, entkernen, schälen und in schmale Schnitze schneiden. Mango schälen und das Fruchtfleisch in Schnitzen vom Stein schneiden. Zitronensaft mit Salz, Pfeffer und 3 EL Olivenöl verrühren. Mango, Avocado und Frühlingszwiebeln damit mischen und auf dem Spinat verteilen.

3 Die Erdnüsse im übrigen Öl bei mittlerer Hitze goldgelb rösten, mit Chili und Salz würzen und abkühlen lassen.

4 Käse in knapp 1 cm dicke Scheiben schneiden und auf die Baguettescheiben legen. Nebeneinander auf ein Blech legen und die Brote im Ofen (Mitte) etwa 5 Min. backen, bis der Käse schön braun ist. Salat mit den Erdnüssen bestreuen, mit den Käsebroten belegen und gleich servieren.

KANN ICH DIE CROÛTONS AUCH SOLO ESSEN?

Ja, zum Beispiel zum Aperitif. Gut schmecken sie zu einem fruchtigen Weißwein, etwa einem Soave oder auch zu einem Rosé.
Ebenfalls fein: zu gemischtem Blattsalat essen.

machen angenehm satt

FRÜHLINGSROLLEN MIT FEIGENSAUCE

Für die Frühlingsrollen:
12 TK-Frühlingsrollenblätter (12 x 12 cm groß)
1 kleineres Hähnchenbrustfilet (etwa 150 g)
1/2 Bio-Limette
4 Zweige (Thai-)Basilikum
150 g Ziegenkäsecamembert
1 kleines Ei (S)
1/2 TL gemahlener Koriander
Salz | Pfeffer
1/2 l Öl zum Frittieren

Für die Sauce:
2 getrocknete Feigen
2–4 rote Chilischoten
3 Knoblauchzehen
50 g Zucker
50 ml Reis- oder Apfelessig
Salz

Für 2 Personen | Zubereitung **45 Min.** | Pro Stück ca. **140 kcal, 7 g EW, 6 g F, 14 g KH**

1 Für die Frühlingsrollen die Blätter mit einem Tuch bedecken und so weit auftauen lassen, dass sich 12 Blätter ablösen lassen. Die übrigen Blätter wieder einfrieren.

2 Inzwischen für die Sauce die Feigen sehr fein schneiden. Chilischoten (wer's richtig scharf mag, nimmt 3 oder 4) waschen und von den Stielen befreien, mit den Kernen fein hacken. Knoblauch schälen und würfeln. Chili, Knoblauch, Feigen, Zucker, Essig und 1/8 l Wasser zum Kochen bringen und offen bei mittlerer Hitze etwa 10 Min. kochen. Salzen und abkühlen lassen.

3 Das Hähnchenfleisch sehr klein würfeln. Die Limette waschen und abtrocknen, Schale fein abreiben. Basilikumblättchen abzupfen und fein schneiden. Käse klein würfeln und mit Fleisch, Limettenschale, Basilikum, Ei und Koriander gründlich mischen. Salzen und pfeffern. Die Masse auf den Teigblättern verteilen, Seiten nach innen klappen und die Blätter aufrollen. Die Enden mit kaltem Wasser bepinseln und ankleben.

4 Öl in einem weiten Topf oder im Wok erhitzen. Frühlingsrollen darin in zwei Portionen etwa 4 Min. frittieren, auf Küchenpapier abfetten lassen. Heiß mit der Feigensauce servieren.

MANGOLDRÖLLCHEN
AUF INGWERTOMATEN

fruchtig-frisch

6 größere Mangoldblätter (etwa 200 g)
Salz
1 Scheibe altbackenes Weißbrot (etwa 30 g)
1/2 Bund gemischte Kräuter
100 g gehäutete Paprika (aus dem Glas)
150 g halbfester Ziegenkäse | Pfeffer
400 g Tomaten
1 Stück frischer Ingwer (etwa 1 cm lang)
2 Knoblauchzehen
2 EL Olivenöl

Für 2 Personen | Zubereitung **50 Min.** | Pro Person ca. **390 kcal, 21 g EW, 27 g F, 15 g KH**

1 Mangoldblätter waschen, die mittlere Blattrippe eventuell flacher schneiden. Salzwasser zum Kochen bringen und die Blätter darin etwa 1 Min. blanchieren. In einem Sieb kalt abschrecken, abtropfen lassen und auf der Arbeitsfläche ausbreiten.

2 Weißbrot entrinden und in lauwarmem Wasser einweichen. Kräuter waschen, trocken schütteln und die Blättchen fein hacken. Paprika in sehr kleine Würfel schneiden. Ziegenkäse ebenfalls würfeln. Brot ausdrücken, zerkrümeln und mit Käse, Kräutern und Paprika mischen. Mit Salz und Pfeffer würzen und auf den Mangoldblättern verteilen. Ränder nach innen schlagen und die Blätter zu Rouladen aufrollen. Mit Küchengarn verschließen.

3 Tomaten kurz in kochendes Wasser legen. Kalt abschrecken und häuten, klein würfeln. Ingwer und Knoblauch schälen und fein hacken. Öl in einer Pfanne mit Deckel erhitzen. Mangoldröllchen darin bei mittlerer Hitze rundherum anbraten und wieder herausnehmen. Ingwer und Knoblauch im Bratfett andünsten, Tomaten untermischen und mit Salz und Pfeffer abschmecken. Mangoldröllchen auf die Tomaten setzen und zugedeckt bei schwacher Hitze 10–12 Min. dünsten.

KANN ICH DEN MANGOLD ERSETZEN?

Ja, denn den gibt es auch nicht immer. Gut geeignet sind Chinakohl oder andere zarte Kohlsorten wie Spitzkohl oder ganz junger Wirsing. Der muss aber 2–3 Min. blanchiert und in jedem Fall von der dicken Mittelrippe befreit werden.

vegtarisch frisch

RISOTTO

MIT FENCHEL UND THAI-BASILIKUM

1 Fenchelknolle ++ 2 Frühlingszwiebeln ++ 2 EL Butter ++ 1/2 TL Fenchelsamen ++ 200 g Risottoreis ++ 650 ml heiße Gemüsebrühe ++ 1/2 Bio-Limette ++ 4 Zweige Thai-Basilikum ++ 100 g halbfester Ziegenkäse ++ Salz ++ Pfeffer

Für 2 Personen | Zubereitung **30 Min.** | Pro Person **ca. 650 kcal, 422 g EW, 25 g F, 84 g KH**

1 Fenchel waschen und putzen, das zarte Grün beiseite legen. Fenchel klein würfeln. Frühlingszwiebeln waschen und putzen. Das knackige Grün abschneiden und aufheben, das Weiße in feine Ringe schneiden.

2 1 EL Butter erhitzen. Fenchel mit Zwiebelringen und Fenchelsamen darin andünsten. Reis dazugeben und kurz mitbraten. Einen Schöpfer Brühe angießen und den Reis offen bei mittlerer Hitze in 18–20 Min. bissfest garen. Häufig durchrühren und nach und nach die übrige Brühe angießen.

3 Limettenhälfte waschen, Schale fein abreiben. Basilikumblättchen fein hacken. Käse würfeln. Zwiebelgrün in Ringe schneiden. 1 EL Butter in Flocken teilen und mit der Limettenschale, Basilikum, Zwiebelringen und Käse unter den Reis heben. Mit Salz und Pfeffer abschmecken.

nur leicht süß

ZIEGENKÄSE-ORANGEN-MOUSSE MIT KARDAMOM

1 Blatt weiße Gelatine
1 Bio-Orange
2 Kardamomkapseln
1 EL ungesalzene Pistazienkerne
150 g Ziegenfrischkäse
100 g Joghurt
2 Päckchen Vanillezucker
75 g Sahne
2 TL Puderzucker
2 EL Orangenlikör nach Belieben
2 TL Orangenmarmelade
1 EL Ahornsirup

Für 2 Personen | Zubereitung **20 Min.** | Kühlzeit **2 Std.**
Pro Person ca. **540 kcal, 20 g EW, 33 g F, 36 g KH**

1 Gelatine 10 Min. in kaltem Wasser einweichen. Die Orange heiß waschen und abtrocknen, die Schale fein abreiben. Kardamom in einer Pfanne ohne Fett leicht rösten. Die Samen aus den Kapseln lösen und im Mörser fein zerstoßen. Pistazienkerne fein hacken.

2 Ziegenfrischkäse mit dem Joghurt und dem Vanillezucker glatt rühren. Orangenschale, Kardamom und Pistazienkerne dazugeben und gut untermischen. Gelatine tropfnass mit 1 EL Wasser erwärmen, aber nicht zu heiß werden lassen. Unter die Creme mischen. Sahne mit dem Puderzucker steif schlagen und unterheben. Die Masse in eine Form füllen und in mindestens 2 Std. im Kühlschrank fest werden lassen.

3 Zum Servieren die Orange auspressen und mit dem Orangenlikör, der Marmelade und dem Ahornsirup etwas einkochen lassen, abkühlen lassen. Von der Mousse Nocken abstechen und mit etwas Sirup garniert servieren.

Unsere Garantie

Alle Informationen in diesem Ratgeber sind sorgfältig und gewissenhaft geprüft. Sollte dennoch einmal ein Fehler enthalten sein, schicken Sie uns das Buch mit dem entsprechenden Hinweis an unseren Leserservice zurück. Wir tauschen Ihnen den GU-Ratgeber gegen einen anderen zum gleichen oder ähnlichen Thema um.

Liebe Leserin und lieber Leser,

wir freuen uns, dass Sie sich für ein GU-Buch entschieden haben. Mit Ihrem Kauf setzen Sie auf die Qualität, Kompetenz und Aktualität unserer Ratgeber. Dafür sagen wir Danke! Wir wollen als führender Ratgeberverlag noch besser werden. Daher ist uns Ihre Meinung wichtig. Bitte senden Sie uns Ihre Anregungen, Ihre Kritik oder Ihr Lob zu unseren Büchern. Haben Sie Fragen oder benötigen Sie weiteren Rat zum Thema? Wir freuen uns auf Ihre Nachricht!

Wir sind für Sie da!
Montag – Donnerstag: 8.00 – 18.00 Uhr;
Freitag: 8.00 – 16.00 Uhr
Tel.: 0180-5 00 50 54*
Fax: 0180-5 01 20 54*
E-Mail:
leserservice@graefe-und-unzer.de
*(0,14 €/Min. aus dem dt. Festnetz/ Mobilfunkpreise können abweichen.)

P.S.: Wollen Sie noch mehr Aktuelles von GU wissen, dann abonnieren Sie doch unseren kostenlosen GU-Online-Newsletter und/oder unsere kostenlosen Kundenmagazine.

GRÄFE UND UNZER VERLAG
Leserservice
Postfach 86 03 13
81630 München

Die Autorin

Cornelia Schinharl hat ihre Liebe zum Essen und Trinken zum Beruf gemacht. Seit vielen Jahren bringt sie ihren Erfahrungsschatz als freie Food-Journalistin und Kochbuchautorin zu Papier und hat dafür schon zig Auszeichnungen bekommen. Ihr besonderes Interesse gilt den Küchen fremder Länder – allen voran Asien und Italien.

Das Fotostudio

Klaus-Maria Einwanger ist selbstständiger Fotograf in Rosenheim. Vor Ort und im Ausland arbeitet er für Zeitschriften, Buchverlage und Werbeagenturen. Kreativ setzt er dabei Food-Spezialitäten aus aller Welt perfekt ins Bild. Fürs Foodstyling in diesem Buch war **Sven Dittmann** zuständig.

Bildnachweis

Alle Bilder
Klaus-Maria Einwanger,
Rosenheim

Die Temperaturangaben bei Gasherden variieren von Hersteller zu Hersteller. Welche Stufe Ihres Herdes der jeweils angegebenen Temperatur entspricht, entnehmen Sie bitte der Gebrauchsanweisung. Bei Elektroherden können die Backzeiten je nach Herd variieren.

Programmleitung: Doris Birk
Leitende Redakteurin:
Stephanie Wenzel
Redaktion: Stefanie Poziombka
Lektorat: Adelheid Schmidt-Thomé
Korrektorat: Susanne Elbert
Layout, Typographie und Umschlaggestaltung:
Lucie Schmid, independent Medien-Design, München
Illustrationen Seite 4, 48 und U3:
Harold Lazaro, Backyard10, München; außer S. 4 dritte von oben, S. 48 Nr. 4: Betti Trummer, Karlsruhe
Satz: Filmsatz Schröter, München
Herstellung: Gloria Pall
Reproduktion:
Penta Repro, München
Druck und Bindung:
Druckhaus Kaufmann, Lahr

ISBN 978-3-8338-0954-5

1. Auflage 2008

GRÄFE UND UNZER

Ein Unternehmen der
GANSKE VERLAGSGRUPPE